AF546890

Toni sieht alles

Magdalena Miecznicka wurde 1977 in Warschau geboren. Sie ist Journalistin und Autorin von Romanen, Theaterstücken und Kurzgeschichten. Heute lebt sie in London und schreibt meistens auf Polnisch, aber auch auf Englisch. *Toni sieht alles* ist ihr erstes Buch auf Deutsch.

Franziska Ludwig wurde 1976 in Gotha geboren. Gezeichnet hat sie wahrscheinlich schon immer, studierte aber trotzdem zuerst Sozialpädagogik, danach aber doch noch Kommunikationsdesign und Illustration an der Muthesius Kunsthochschule in Kiel und lebt seitdem mit ihrer Familie in der Nähe von Kiel.

Für Marylka und Tadzio,
meine allerliebsten Kinder,
die in den ersten Wochen in London
echt misstrauisch waren. Aber wie!
Spitzenmäßig.

Ein Moritz Kinderbuch

1. Auflage, 2024
© 2024 Moritz Verlag, Frankfurt am Main
Alle deutschsprachigen Rechte vorbehalten
© 2019 Text: Magdalena Miecznicka
© 2024 Illustration: Franziska Ludwig
Aus dem Polnischen von Thomas Weiler
Die polnische Originalausgabe erschien 2019 unter dem Titel *Tosia i tajemnica geodety* bei Wydawnictwo Dwie Siostry, Warschau.
Lektorat: Franziska Neuhaus
Einbandgestaltung: Norbert Blommel,
unter Verwendung einer Illustration von Franziska Ludwig
Druck: Beltz Grafische Betriebe, Bad Langensalza
Printed in Germany
ISBN 978 3 89565 455 8
www.moritzverlag.de

Magdalena Miecznicka

Toni sieht alles

Aus dem Polnischen von Thomas Weiler

Mit Illustrationen von Franziska Ludwig

Moritz Verlag
Frankfurt am Main

Inhalt

BANK

Kapitel 1

Ist das nicht sehr verdächtig?

Sie waren kaum in die neue Wohnung gezogen, da wusste Toni schon ganz sicher, dass hier merkwürdige Dinge im Gange waren. Eigentlich wusste sie es sogar schon vorher. Noch bevor sie eingezogen waren. Bevor sie das Haus mit ihrer neuen Wohnung überhaupt betreten hatten. Exakt zwei Minuten vorher. Nämlich genau in dem Moment, als sie und ihre Mutter aus dem Umzugswagen gestiegen waren und Toni gesehen hatte, dass es an der Straßenecke eine Bank gab.

»Na, was da wohl passiert?«, murmelte Toni finster.

»Wo?«, fragte ihre Mutter. Sie war ein bisschen aufgeregt. Sie hoffte einfach so sehr, dass Toni die neue Wohnung gefiel.

»Na, in der Bank«, sagte Toni trocken. »Glaubst du, es wird ein bewaffneter Überfall? Oder nur ein Einbruch? Oder vielleicht die Tunnelnummer?«

»Weshalb sollte denn so was passieren?«, fragte ihre Mutter, die gar nicht gern an gefährliche Dinge dachte.

»Weil jemand grad die Bank beobachtet. Mit dem Fernglas. Da drüben«, antwortete Toni seelenruhig.

Ihre Mutter schaute sich um und sah auf der anderen Straßenseite, an der Kreuzung, einen Mann. Er hatte ein seltsames Gerät bei sich. Fast wie eine Staffelei zum Bildermalen.

»Ach, Toni«, lachte sie, »das ist doch ein Vermessungstechniker. Die vermessen die Straßen.«

»Ich weiß selber, was so ein Vermesser macht«, sagte Toni ein bisschen eingeschnappt. »Aber verdächtig ist es schon. Muss der ausgerechnet hier bei der Bank vermessen? Überleg doch mal! Vielleicht vermisst er gar nicht die Straße. Vielleicht beobachtet der!«

»Das Mädchen hat entschieden zu viel Fantasie«, seufzte ihre Mutter und kramte nach dem neuen Schlüssel.

So hieß es ständig über Toni. Zumindest seit den Ferien, die sie bei ihrer Tante in dem großen Haus am Wald verbracht hatte. »Das Mädchen hat eindeutig zu viel Fantasie.«

Zuerst war Toni einfach mit ihrer Cousine Suse spazieren gegangen. Auf demselben Weg lief eine Frau mit Kopftuch. Sie ging mit einem Hund an der Leine spazieren. Alle, denen Toni und Suse später davon erzählten, hielten sie für eine ganz normale Frau mit einem ganz normalen Hund. Dabei trug sie ein Kopftuch! Als wollte sie etwas verbergen! Und der Hund war an der Leine! Dabei leinte hier kein Mensch seinen Hund an! Aber irgendwie fand niemand, dass man sich darüber Gedanken machen müsste. Nur Toni war überzeugt, dass die Frau eine Einbrecherin war. Sie ließ sich nicht davon abbringen. »Einbrecherin, basta«, sagte sie. Eine Einbrecherin, ihr werdet schon sehen.

Am nächsten Tag, als Toni und Suse mit den Fahrrädern unterwegs waren, bemerkten sie zwei traurige Jungs mit kleinen Rucksäcken. An der Haltestelle, sie warteten auf den Bus. Und Toni sagte, die hätten vor, von zu Hause abzuhauen. Doch, doch, ganz bestimmt hauten die ab. Suse, Tante und Onkel würden schon sehen.

Und dann fand Toni noch, dass der kleine Dicke, den sie beim Pilzesuchen im Wald gesehen hatten, garantiert ein Tannendieb war.
»Was denn für ein Tannendieb?«, fragte Suse.
»Na, so ein ganz normaler. Einer, der im Wald Tannenbäume fällt und sie dann vor Weihnachten auf dem Markt verkauft«, erklärte Toni energisch.
Nur dass grade August war. Und Weihnachten noch … vier Monate hin! So lang würde das kein Tannenbaum aushalten! So etwas konnte sich auch nur Toni ausdenken.
Und deshalb hieß es immer, das Mädchen habe zu viel Fantasie. Toni fand immer die ungewöhnlichsten Erklärungen für die gewöhnlichsten Dinge.

Kapitel 2

Sind es Mäuse, ist es ein Flugzeug?

Gleich in der ersten Nacht ging es los. Toni lag im Bett und konnte nicht schlafen, weil sie darüber nachdenken musste, wie verdächtig hier alles war. Zum Beispiel wussten sie nicht, wer nebenan wohnte. Vielleicht ein Dieb. Oder der Chef einer Bande von Entführern. Oder ein Agent eines ausländischen Geheimdienstes. Von den Nachbarn unten mal ganz zu schweigen.
Da hörte sie etwas wie ein Scharren. Ein leises, feines Scharren, das manchmal in ein Bohren überging. Oder in ein Hämmern. Oder war es ein Hacken?

krrr krrr krr
schrrrt

»Mama, Mama, aufwachen!«, rief sie.
Ihre Mutter träumte gerade von dem sehr wichtigen Termin, den sie vor sich hatte. Einem Treffen mit dem Direktor eines Theaters, an dem sie gern ein Stück auf die Bühne bringen wollte. Der Direktor war im Traum sehr angetan von ihrer Idee. Er sagte gerade: »Nächste Woche können Sie loslegen«, und reichte ihr die Hand, als jemand an ihr zu zupfen und zu zerren begann.
»Was ist denn? Lassen Sie das doch!«, rief sie und schlug die Augen auf. Da sah sie das

Schlafzimmer in der neuen Wohnung. Und Toni.

»Wie spät ist es? Habe ich verschlafen? Muss ich aufstehen?«, fragte sie und setzte sich im Bett auf.

»Nein, es ist noch Nacht. Aber sie machen grad die Tunnelnummer.«

»Tunnel?«

»Zur Bank. Nebenan. Hab ich ja gleich gewusst, dass es so kommt. Obwohl ich nicht ganz sicher war, ob es ein Überfall wird, also mit Waffen, ein gewöhnlicher Einbruch oder die Tunnelnummer. Nun ist es also die Tunnelnummer.«

Toni sagte das alles ganz ruhig und sogar ein bisschen gelangweilt. So redete sie immer, wenn ihr etwas selbstverständlich vorkam.

»Und warum glaubst du das?«, fragte ihre Mutter und zog sich die Decke bis unters Kinn.

Sie war noch ein bisschen traurig, dass sie das Gespräch mit dem Direktor nur geträumt hatte.

»Warum?« Toni zuckte die Achseln. »Weil ich ein Scharren höre. Oder ein Bohren. Vielleicht auch ein Hämmern«, erklärte sie. »Sch!«

Nun lauschten sie beide.

»Ach, Kind, das ist bestimmt ein Flugzeug irgendwo. Oder eine Maus. Oder die U-Bahn«, sagte ihre Mutter. »In der Stadt gibt es alle möglichen Geräusche. Und jetzt geht das Kind, das zu viel Fantasie hat, einfach mal schlafen. Und zwar ein bisschen plötzlich!«

Damit legte sich die Mutter wieder hin, um ihren Traum weiterzuträumen.

Toni legte sich auch hin, aber als sie so dalag, hätte sie schwören können, dass zu den geheimnisvollen Geräuschen noch – rrra-ta-ta-ta-ta … – ein Presslufthammer dazugekommen war.

Kapitel 3

Wie kommt die Erde auf die Fußmatte?

Als sie am nächsten Tag aus dem Haus gehen wollten, machte Toni im Erdgeschoss plötzlich große Augen, wirklich große. Sie schaute ihre Mutter an. Und dann die Fußmatte vor der Wohnungstür im Erdgeschoss. Und dann wieder ihre Mutter. Und wieder die Fußmatte.
»Was ist denn? Hast du was im Auge?«, fragte die Mutter besorgt.
Toni machte noch größere Augen, obwohl das eigentlich schon gar nicht mehr ging.
»Mama, hast du das gesehen?«, wisperte sie, als sie draußen und schon in sicherer Entfernung waren.
»Was soll ich gesehen haben?«
»Na, was wohl? Die Erde!«
»Welche Erde?«, fragte die Mutter.

Mannomann, wie konnte sie das übersehen haben. Wo hatte sie bloß ihre Augen?

»Auf der Fußmatte. Vor der Wohnungstür. Im Erdgeschoss«, erklärte Toni.

»Das ist doch nichts Besonderes. Jemand ist reingekommen und hat sich die Schuhe abgetreten«, brummte die Mutter.

Na klar, was hätte man auch anderes erwarten können. Immer nur die einfachste Erklärung. Als ob man sich nicht auch mal ein bisschen anstrengen könnte. Und eine ungewöhnlichere Erklärung finden. Einen Ticken ungewöhnlicher. Eine Spur wenigstens.

»Und wenn es nun umgekehrt war?«, fragte Toni.

»Umgekehrt?« Ihre Mutter kapierte überhaupt nichts.

Sie waren jetzt vor dem großen Café an der Ecke angekommen.

»Wenn nun jemand aus der Wohnung rausgekommen ist und sich dann die Schuhe abgetreten hat? Nicht beim Reinkommen, sondern beim Rausgehen«, sagte Toni. »Könnte doch sein. Und wieso war dann Erde dran?«

Aber die Mutter hörte ihr gar nicht mehr zu. Sie nahm Toni bei der Hand und öffnete die Tür zum Café.

www.moritzverlag.de

Für alle, die schon gerne
selber lesen.

Moritz

Katja Gehrmann

Stadtbär

Moritz

96 S., € 12,- [D] / 12,40 [A] ISBN 978 3 89565 376 6

»Hinreißende Geschichte … mit überbordendem Witz und vielen Zickzackwendungen.« *Neue Zürcher Zeitung*

Der Bär zieht in die Stadt.
Die anderen Tiere fürchten, dass die Menschen den Jäger holen und beschließen, den Bären im Zoo abzugeben. Aber dafür müssen sie ihn erst einmal einfangen.

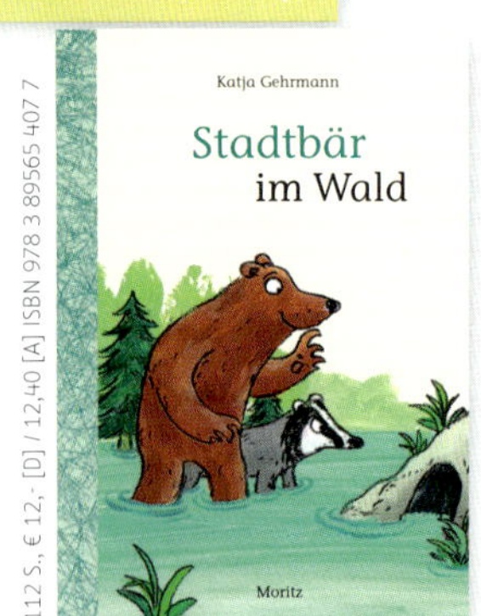

112 S., € 12,- [D] / 12,40 [A] ISBN 978 3 89565 407 7

»Naturschutz aus tierischer Sicht – zum Brüllen.« *Eltern family*

Der Stadtbär und seine Freunde kehren zurück in den Wald. Es könnte so gemütlich sein, aber der Biber ist durch die Stadt auf verrückte Ideen gekommen.

»Ein köstlich schnodderiges Buch.« *New York Times*

»Ich haue ab. Ich suche mir ein neues Zuhause. Da: dieser Karton sieht brauchbar aus! Ich schreib einfach ›Kind zu verschenken‹ darauf, setze mich rein und warte auf meine neue Familie – ohne nervige Geschwister!«

120 S., € 14,- [D] / 14,40 [A] ISBN 978 3 89565 447 3

Kuschel ist eine Katze. Als sie eines Tages Hoppel, den Hasen der Nachbarin, tot auf der Fußmatte ablegt, gerät Kuschels Familie in helle Panik. Ein genialer Plan muss her!

»Anne Fine gehört zu den wenigen Autoren, die für Erwachsene und Kinder schreiben. Ihre Bücher verwischen nicht selten die Grenze zwischen den Generationen.«
Darmstädter Echo

4 S., € 9,95 [D] / 10,30 [A]
BN 978 3 89565 298 1

uschel kann es nicht abwarten, bis ihre Familie in die Ferien fährt. Endlich kann e mit ihrer Gang um die Häuser ziehen. Kuschel hat die Rechnung allerdings ohne Pfarrer Barnham gemacht.

72 S., € 9,95 [D] / 10,30 [A]
ISBN 978 3 89565 338 4

»Großer Spaß, nicht nur für Katzenfans.«
Kölnische Rundschau

Kuschel macht wieder Ärger. Das Baby anspucken, wirklich ganz aus Versehen, den neuen Fernseher demolieren ... Wegen dieser Kleinigkeiten soll sie gegen ein Katzenbaby ausgetauscht werden? Da haut Kuschel lieber selbst ab.

112 S., € 11,95 [D] / 12,30 [A]
ISBN 978 3 89565 388 9

Opa Winnie hat schon 857 Rekorde aufgestellt, doch sein allerwichtigster steht noch bevor: Der leichteste Mensch der Erde werden.

96 S., € 11,95 [D] / 12,30 [A] ISBN 978 3 89565 432 9

»Komisch, wenn man mit einer Lüge anfangen muss. Also: Ich bin nicht der reichste Junge der Welt. Meine Freunde nennen mich nur so.

80 S., € 9,95 [D] / 10,30 [A] ISBN 978 3 89565 360 5

72 S., € 9,95 [D] / 10,30 [A] ISBN 978 3 98565 310 0

Eines Morgens liegt ein lebendiges Zebra unter Hannas Bett. Einfach so. Bräuninger, so heißt das Zebra, begleitet sie in die Schule. Das geht doch nicht!

96 S., € 9,95 [D] / 10,30 [A] ISBN 978 3 89565 408 4

Markus und Lola Orths
Kerstin Meyer

Ein Elefant macht Handstand

Moritz

Macht Kindern nicht nur Lust und Mut zum Lesen, sondern sogar zum Schreiben.
Birgit Nerenberg, Buchhandlung Sternschnuppe

Zwei Mädchen werden beste Freundinnen: Die eine hinkt seit ihrer Geburt, die andere spielt begeistert Fußball. Kann das gut gehen?

Rose Lagercrantz
Karen Krings

Wozu hat man eine Freundin?

Moritz

104 S., € 11,95 [D] / 12,30 [A] ISBN 978 3 89565 359 9

64 S., € 12,00 [D] / 12,40 [A] ISBN 978 3 89565 451 0

An einem besonders langweiligen Tag beschließen drei Kinder, Beerdigungen auszurichten. Für all die toten Tiere, die sonst keiner beachtet.

Endlich ist Wettkampftag! Heute wird Fanny in sechs Disziplinen gegen ihre Mama antreten. Und Oma ist Schiedsrichterin.

112 S., € 10,95 [D] / 11,30 [A] ISBN 978 3 89565 397 1

112 S., € 10,95 [D] / 11,30 [A] ISBN 978 3 89565 417 6

Ester wünscht sich, dass Fanny in sie verliebt ist. Fanny findet das blöd, sie will lieber spielen. Was soll Fanny nun machen?

»Eine bessere, kindgerechtere Annäherung, ja Anwärmung mit dem Krimigenre lässt sich nicht denken.«
Felicitas von Lovenberg, Frankfurter Allgemeine Zeitung

Gordon, ein liebenswerter
Anti-Held, und seine winzige Assistentin
Buffy ermitteln. Sie sorgen für Ordnung im Wald (und Muffins zur rechten Zeit).

www.moritzverlag.de

Kapitel 4

Wozu braucht man Schal und Hut?

Die Mutter redete mit dem Theaterdirektor. Wenn man mit jemandem redet und das Gespräch dann auch noch sehr wichtig ist, sieht und hört man wenig von dem, was um einen herum geschieht. Sicher nur deshalb bemerkte die Mutter die zwei Männer in langen Mänteln am Nebentisch nicht. Auch nicht, wie verdächtig sie aussahen. Echt höchst verdächtige Gestalten! Der eine hatte seinen Hut tief in die Stirn gezogen. Und … Toni fiel fast vom Stuhl! Und er hatte eine Monsternase. Was für ein Zinken! Eine Riesenkartoffel.

»Mama, guck mal«, wisperte Toni und zupfte ihre Mutter am Ärmel.
Die Mutter blinzelte und sah zu Toni hinüber.
»Verzeihung«, sagte sie zum Theaterdirektor.
»Was soll ich denn angucken, Kind?«
»Na, die Nase. Und den Hut.«
»Welche Nase denn und welchen Hut?«
»Wer eine große Nase hat, setzt doch nur einen Hut auf, wenn er sie verstecken will, oder? Und seine Nase will er doch nur dann verstecken, wenn er was im Schilde führt, oder?«, fragte Toni.
Der Theaterdirektor machte große Augen und die Mutter sagte nervös: »Liebes, du siehst doch, dass ich mich gerade unterhalte.«
Und sie würdigte den Nasenmann keines Blickes. Oder den Hutmann, die Nase war

ja gar nicht zu sehen. Aber die Mutter war so beschäftigt, dass sie weder Nase noch Hut sehen wollte. Ja, ja, wenn man mit einem Theaterdirektor redet, gehen einem die verdächtigsten Dinge durch die Lappen!

Dann fiel Toni schon wieder fast vom Stuhl. Und verschüttete um ein Haar ihre Limo. Denn auch der zweite Mann war äußerst verdächtig! Er hatte sich einen dicken Schal umgewickelt, bis unter die Augen. Einen Wollschal, kohlrabenschwarz.

Toni tat so, als ob sie malte, aber sie schaute. Schaute und schaute. Irgendwann musste sie doch einen Blick auf sein Gesicht erhaschen können. Zum Beispiel, wenn er einen Schluck Tee trinken wollte. Da, jetzt hob er die Tasse zum Mund … Er streckte den Hals … Und da sah sie es! Ja, auf seiner Wange war etwas … etwas wie … War das nicht eine Narbe?
Soso, der da versuchte also, seine Narbe zu verstecken! So eine hübsche, aufregende Narbe versteckt man doch nur, damit man nicht wiedererkannt wird, oder? Und nicht wiedererkannt werden will man nur, wenn man etwas im Schilde führt? Etwas Finsteres.
Nein, das durfte die Mutter nun wirklich nicht verpassen!

»Mama, guck mal«, sagte Toni und zupfte ihre Mutter wieder am Ärmel.

»Was denn, Kind?«

Kam es Toni nur so vor oder war ihre Mutter etwas verärgert? Nein, das war jetzt so wichtig, so verdächtig, da konnte Toni nun wirklich keinen Ärger bekommen.

»Der Schal. Und die Narbe!«, wisperte Toni.

So, jetzt würde die Mutter endlich hinsehen und ihr glauben! Glauben, dass hier etwas im Busch war!

Aber stattdessen sagte die Mutter zum Theaterdirektor: »Verzeihung, das Kind hat einfach zu viel Fantasie.«

Und dann lachte sie. Noch dazu ein Lachen, das klang, als wäre ihr gar nicht nach Lachen zumute. Und der Direktor grunzte nur und sah Toni ganz komisch an. Als grübelte er über etwas nach. Toni war ein bisschen besorgt, der Direktor könnte so komisch gucken, weil ihm der Vorschlag ihrer Mutter nicht gefiel.
Aber die Sorge war schnell wieder vergessen. Denn jetzt hörte sie, dass die zwei am Nebentisch etwas sagten. Aufgepasst!
»Wann tanzt Jolanta denn nun im Ballett?«, fragte der Hutmann.
»Dienstag um eins. In London«, erwiderte der andere.

Toni musste mächtig die Ohren spitzen, seine Stimme war durch den Schal kaum zu hören. Dann standen die beiden auf und gingen zur Tür. Als sie sie öffneten, strömte eiskalte Luft ins Café.
Toni sprang auf und rannte zur Tür. Sie bückte sich und ...

»Was treibt das Kind denn nun schon wieder?«, seufzte die Mutter.
»Sieht so aus, als hebt sie was vom Boden auf«, sagte der Theaterdirektor.
Er wirkte immer noch sehr nachdenklich.

Kapitel 5

Und noch mal Erde

Toni und ihre Mutter waren auf dem Heimweg vom Café. Es war inzwischen dunkel und der Wind blies kalt. Die Mutter schaute in die erleuchteten Fenster. Das machte sie immer, wenn es draußen dunkel wurde. Erst kamen sie an Restaurantfenstern vorbei. Dahinter waren Menschen an Tischen zu sehen. Sie redeten und lachten. Sie hatten Teller. Mit Essen drauf. Und neben den Tellern Gläser. Weingläser. Und Kerzen.

In einem der Restaurants hing ein riesiger Kronleuchter mit jeder Menge Kristall, als wäre das ein Ballsaal und kein Restaurant.

»Mama, weißt du, was da eben auf dem Boden lag?«, fragte Toni.

»Auf welchem Boden?«, fragte die Mutter verblüfft.

»Na, im Café.«

»Ach ja, ich hab gesehen, dass du was aufgehoben hast. Ich wollte dir überhaupt noch sagen, dass man keinen Müll vom Boden aufhebt.«

»Das war gar kein Müll.«

»Sondern?«

Toni machte ein geheimnisvolles Gesicht.

»Ein Bonbon?«

»Nein.«

»Eine Münze?«

»Nein.«

»Eine silberne Ritterrüstung in Originalgröße inklusive Schwert und Federbusch?«, fragte die Mutter. Manchmal, wenn sie nicht gerade in Eile war oder die Schlüssel suchte oder ein sehr wichtiges Gespräch mit dem Theaterdirektor führte, konnte sie richtig witzig sein. Auch wenn sie dabei ein bisschen traurig aussah.

»Nein. Viel, viel, viel, viel, viel besser.«

Die Mutter blickte Toni fragend an.

»Erde!«, sagte Toni triumphierend.

»Erde?«

Klang ihre Mutter jetzt wirklich enttäuscht? Hatte sie denn noch immer nicht verstanden?

»Erde! Sie hatten Erde unter den Schuhen!«, sagte Toni.

»Wer denn?«

»Na, die beiden! Nase und Narbe.«

Kapitel 6

Uhr, also Zeit

»Das ist ja schon zwanghaft bei dir«, seufzte die Mutter.

Offenbar begriff sie noch immer nichts.

»Und dann noch die Jolanta«, sagte Toni.

»Welche Jolanta?«

»Die Ballerina.«

»Ballerina Jolanta?«

»Die beiden, die unerkannt bleiben wollten, hatten Erde unter den Schuhen. Und sie haben über Jolanta geredet. Dass Jolanta im Ballett tanzen wird. Kommt dir das nicht sehr verdächtig vor?«

»Verdächtig? Ganz ehrlich, Kind, darf man sich jetzt nicht mal mehr über eine Ballerina unterhalten? Vielleicht gehen sie gern ins Ballett. Oder diese Jolanta ist eine Bekannte von ihnen. Vielleicht wollen sie sich auch im Theater ein Ballett ansehen«, sagte die Mutter.
»Vielleicht …«, grummelte Toni.

Aber überzeugt war sie nicht. Irgendwie hatten die beiden nicht nach Ballettliebhabern ausgesehen. Und überhaupt – war an ihrer Unterhaltung nicht etwas komisch gewesen? Oder sogar zwei Sachen? Aber welche nur?
Die Mutter hörte sowieso nicht mehr zu. Eben waren sie in eine kleine Seitenstraße abgebogen. Die Restaurants lagen hinter ihnen, dafür kamen jetzt Wohnhäuser und die Mutter konnte sich gar nicht sattsehen. Ja, in Fenster von Wohnungen schaute sie besonders gern. Dann bekamen ihre Augen so einen Glanz. Als ob sie von etwas träumte.
»Schau mal, so ein schöner Kamin«, sagte sie, als sie an einem Fenster vorbeikamen. Es war hell erleuchtet und alles war gut zu erkennen. »Manchmal denke ich, wir werden auch irgendwann einen Kamin haben und Gemälde an der Wand und ein Sofa mit Kissen und eine alte Uhr …«
»Eine Uhr!«, rief Toni. »Das ist es! Die Uhr!«
»Gefällt sie dir auch?«, fragte die Mutter erfreut.

Bislang hatte sich Toni nämlich nicht besonders für schöne Dinge interessiert. Um nicht zu sagen, überhaupt nicht. Uhren waren Uhren, nichts weiter.

»Nein. Wieso sollte sie? Aber was anderes gefällt mir. Und zwar …« Hier machte Toni eine kurze Pause, um die Spannung zu erhöhen.

»… und zwar, dass Uhr Zeit bedeutet!«

»Was für eine grandiose Erkenntnis«, sagte die Mutter.

»Ein Uhr …«

»Wieso ein Uhr? Kind, brauchst du eine Brille? Wir haben 18:22 Uhr.«

»Aber es wird wieder ein Uhr. Am Dienstag.«

Die Mutter zuckte die Achseln.

»Na ja, da dürftest du recht haben. Es wird ein Uhr am Dienstag werden. Die Chancen stehen jedenfalls gut.«

»Und genau dann wird Jolanta im Ballett tanzen!«, rief Toni triumphierend. »Das haben die beiden gesagt.«

»Ich versteh nur Bahnhof«, brummte die Mutter nach einem tiefen Seufzer.

»Um welche Uhrzeit beginnt normalerweise eine Ballettvorführung?«, fragte Toni.
»Na ja … abends. Gegen acht«, antwortete die Mutter.
»Da hast du es! Ein Uhr ist verdächtig! Höchst verdächtig!«

Kapitel 7

Ein Code

»Ach, Kind, dafür gibt es doch tausend normale Erklärungen«, sagte die Mutter.
Sie schien sich kein Stück für Ballett zu interessieren. Auch nicht für ein Uhr oder die zwei aus dem Café. Leider.
»Welche denn zum Beispiel?«, fragte Toni zweifelnd.
»Na, zum Beispiel …« Die Mutter musste überlegen. »Also, zum Beispiel, dass es eine Kindervorstellung ist. Und deshalb um ein Uhr. Oder eine Schulvorstellung. Oder so.«

Ach, diese Mutter. Immer nur die einfachsten Erklärungen! Nicht auszuhalten! Könnte sie sich nicht ab und zu mal etwas Interessanteres einfallen lassen? Oder wenigstens glauben, was sie von Toni zu hören bekam? Die hatte nämlich interessante Erklärungen, und nicht zu knapp. Und Schulvorstellungen kamen darin nicht vor. Nicht mal eine Kurzvorstellung. Auch keine ganz, ganz kurze.

»Mama, erkennst du das denn nicht?«, stöhnte Toni. Aber sie versuchte, sich gleich wieder zu beruhigen.

»Was denn?«

»Dass es hier nicht um Ballett geht.«

»Worum sonst?«

»Um einen Code!«, zischte Toni. Die Ruhe selbst.

»Einen Code?«

»Eine verschlüsselte Botschaft! Verstehst du?«

»Und was soll diese Botschaft angeblich bedeuten?«

»Dass am Dienstag um eins etwas passieren wird. Um ein Uhr nachts, versteht sich«, erklärte Toni, die wirklich immer noch ganz ruhig blieb. Viel ruhiger, als man hätte annehmen können, wenn man überlegte, dass ihre Mutter wirklich gar nichts kapierte.

»Verstehe«, murmelte die Mutter ohne rechte Überzeugung. »Logisch!«

Toni sah ihre Mutter an. Sie schaute ihr in die Augen. Fiel endlich der Groschen?

Aber die Mutter seufzte nur zum wiederholten Mal. Und sagte: »Ein Kind mit einer so lebhaften Fantasie hat die Welt noch nicht gesehen.«

Dann wandte sie sich den Fenstern des nächsten Hauses zu. Dem auf der anderen Straßenseite. Ein Einfamilienhaus mit lindgrüner Tür. Ja, die Tür war lindgrün. In einem Fenster im Erdgeschoss saß ein Kater. Toni legte den Kopf in den Nacken. Hinter einem Fenster im ersten Stock hatte sie den Schatten eines Mannes wahrgenommen. Einen männlichen Schatten. Hatte der Mann ein Fernglas oder war ihr das

nur so vorgekommen? Doch, aber sicher hatte der eins! Er stand mit Fernglas am Fenster und schaute. Und war das nicht derselbe Mann gewesen, den sie an der Kreuzung mit diesem Staffeleiding gesehen hatten? Dieser Vermesser? Zugegeben, er war jetzt schlecht zu erkennen, weil es dort im Zimmer fast völlig dunkel war, aber wer sollte es sonst sein? Ja, Toni war sich fast sicher! Von wegen Vermesser! Damals hatte er die Bank beobachtet. Und jetzt beobachtete er etwas auf der Straßenseite gegenüber. Und was war da? Ein Haus. Was für ein Haus? Genau das, in dem Toni und ihre Mutter jetzt wohnten! Und was beobachtete der falsche Vermesser nun? Die verdächtige Wohnung! Oder jedenfalls die Wohnung, die Toni im Verdacht hatte. Im Verdacht, dass dort merkwürdige Dinge vorgingen. Und die beobachtete der falsche Vermesser nun. Mit dem Fernglas!

Kapitel 8

Was macht ein Laster in der Nacht?

Es war früh am Morgen. Die Mutter träumte, sie arbeite im Theater. Gleich würde sich der Vorhang heben. Das Licht erlosch, die erste Marionette erschien auf der Bühne und rief …
»Mama, Mama, aufwachen!«
Und zerrte sie auch noch an ihrem Schlafanzug.
Die Mutter schlug ein Auge auf. Im Zimmer war es stockdunkel. Keine Marionetten. Und keine Zuschauer.
»Was ist los?«
»Komm ans Fenster, schnell!«

»Was ist denn jetzt wieder?«, stöhnte die Mutter. »Hast du wieder was Unglaubliches gesehen? Erde vielleicht oder, Gott bewahre, einen Mann mit Schal? Schalträger im Winter, skandalös, wirklich.«

Die Mutter wirkte etwas unausgeschlafen.

Aber sie stand auf, trat ans Fenster und stellte sich neben Toni. Und schaute nach draußen.

Die Fenster gegenüber waren alle noch dunkel. Auch die im Haus mit der lindgrünen Tür.

»Und was ist jetzt?«, fragte die Mutter.

»Der Laster …«, sagte Toni.

Jetzt sah die Mutter ihn auch. Er parkte direkt vor dem Haus. Der Motor war aus, die Scheinwerfer auch.

»Aha, ein Laster. Darf ich jetzt zurück ins Bett?«

»Ich dachte, du wolltest noch Erde und den Mann mit Schal sehen?«, sagte Toni.

»Einen seltsamen Humor hat dieses Kind«, grummelte die Mutter.

Sie wollte gehen, aber Toni hielt sie am Ärmel fest.

Denn eben erschienen zwei Männer, die etwas aus dem Haus trugen. Etwas, das sehr schwer aussah … Wie ein Sack …

»Ach, das sind doch bloß die Müllmänner. Die holen den Müll ab«, sagte die Mutter lachend. »Und der Laster ist das Müllauto.«

Und da geschah es … Einem der Männer rutschte der Sack aus der Hand. Er fiel auf den Boden und platzte auf. Genau unter der Straßenlaterne. Daher war die herausrieselnde Erde wunderbar zu sehen.

Die Männer waren keine Unbekannten. Einer hatte einen Schal umgewickelt, der das halbe Gesicht verbarg. Der andere trug einen tief in die Stirn gezogenen Hut …

Kapitel 9

Was hat Theo gesehen?

»Na, Mama, was sagst du jetzt? Glaubst du immer noch, dass da nichts dahintersteckt?«, fragte Toni.
Nein, jetzt konnte sie es nicht mehr leugnen. Das konnte auch sie nicht. Schließlich gab es dafür keine einfache Erklärung. Nicht mal sie würde eine finden.
Aber die Mutter ging ohne ein Wort vom Fenster zur Miniküche und füllte Wasser in die Espressomaschine.
»Mama, jetzt sag schon!«
»Was soll ich sagen?«

»Na, was du von diesen Leuten hältst.«

»Ach, was weiß ich, wahrscheinlich haben sie Blumenerde geschleppt«, brummelte die Mutter.

Und stellte das Radio an. Einfach so! Als wäre nichts gewesen!

Ach, diese Erwachsenen! Es ist einfach nicht auszuhalten mit ihnen.

Toni war noch lange am Fenster stehengeblieben und hatte die beiden beobachtet. Und sie hätte schwören können, dass sie nicht die Einzige war.

Der Mann von gegenüber schaute auch. Ja, Toni war sich sicher, dass da ein Schatten im Fenster war. Und wenn da ein Schatten war, dann musste es ja wohl seiner sein. Was denn sonst? Doch, es musste der Schatten des Vermessers sein. Des falschen. Mit dem Kater … Doch, doch, ganz sicher war er da gewesen, auch wenn Toni ihn nicht so richtig gesehen hatte. Sie wusste es einfach. Er hatte dagestanden, mit Fernglas. Und keine Vögel angeguckt. Und auch nicht auf den Sonnenaufgang gewartet. Nein, er hatte die Männer im Erdgeschoss ebenfalls beobachtet. Wie Toni. Das hätte sie schwören können. Einmal war es ihr sogar so vorgekommen, als hätte der Vermesser sie angeschaut und ihr zugewinkt. Freundlich. Wie ein Komplize. Wie man sich zuwinkt unter Eingeweihten.

Aber was half es, dass Toni Bescheid wusste, wenn ihr niemand glaubte? Alle würden nur sagen, sie hätte wirklich zu viel Fantasie. Wenn ihr schon die eigene Mutter nicht glaubte, dann doch erst recht kein fremder Mensch. Der noch dazu schrecklich viel zu tun hatte. Und schrecklich wichtig war. Eine Polizistin zum Beispiel. Nein, Toni konnte unmöglich zur Polizei gehen. Aber da sie nun alles wusste, musste sie doch etwas unternehmen! Sie musste jemandem alles erzählen, sie musste einfach. Bloß wem?

Darüber dachte sie das ganze Frühstück lang nach. Und dann beim Zähneputzen. Und als sie die Strumpfhose anzog. Sogar noch, als die

Mutter ihr die Haare bürstete. Erst als die Mutter ihr das Spängchen in die Haare klipste, links, das lindgrüne Spängchen, da wusste sie es! Das Spängchen hatte es ihr eingeflüstert!
Es war ja auch zu einfach!
Ja, vollkommen klar!
Klar wie Klipsspängchen.

Aber erst musste sie noch eine Sache überprüfen. Um ganz sicher zu wissen, ob sie reden konnte. Mit dem Menschen, dem sie es sagen wollte. Ja, das würde sie überprüfen und dann reden. Jawohl!
Als sie im Park spazieren gingen, machte Toni es genau wie ihre Mutter. Sie schaute in die Fenster. Schaute und schaute.

Bis sie sah, wen sie sehen wollte. Er saß im Fenster des Hauses mit der lindgrünen Tür. Die Augen geschlossen, als schliefe er.

»Oh, was für ein hübscher Kater«, sagte Toni. Und blieb stehen.

»Ja, der ist wirklich hübsch«, sagte die Mutter. Und wollte weiter. Aber Toni blieb stehen.

»Komm weiter, Kind«, drängelte die Mutter.

»Nein. Ich muss den Kater streicheln. Er ist so hübsch.«

»Gefällt er dir wirklich so sehr? Ich wusste gar nicht, dass du so ein Katzenmensch bist.«
Toni war nämlich eigentlich nicht gerade vernarrt in Katzen. Eher in Hunde. Aber das konnte sich ja plötzlich geändert haben. Oder etwa nicht?
»Wenn du unbedingt willst, kann ich ja mal mit dem Besitzer sprechen. Wenn ich ihn zufällig mal auf der Straße treffe. Vielleicht lässt er dich ja rein«, sagte die Mutter.
»Nein, ich muss ihn jetzt sofort streicheln«, meckerte Toni und stampfte auf.
Und das hätte die Mutter stutzig machen müssen, denn Toni war schon seit einer ganzen Weile groß und stampfte überhaupt nicht mehr. Oder nur ganz selten.
»Ich kann doch nicht einfach an eine fremde Haustür klopfen«, stöhnte die Mutter.
Aber sie brauchte gar nicht zu klopfen. Just in diesem Augenblick ging die lindgrüne Tür auf und ein Mann schaute heraus.
Das war garantiert der Mann, der die verdächtige Erdgeschosswohnung beobachtet hatte.

Und vorher den Vermesser gespielt hatte. Genau, das war der falsche Vermesser, der heimliche Straßenbeobachter. Dass er ihnen gleich die Tür aufgemacht hatte, bedeutete ja wohl, dass er die ganze Zeit die Straße beobachtete. Sie hatte ja nicht mal angeklopft. Doch, doch, er musste sie beobachtet haben! Mannomann, war das aufregend! So langsam passte eins zum andern. Wie früher, wenn beim Puzzeln plötzlich ein Bild entstanden war …

»Guten Tag. Entschuldigen Sie, aber meiner Tochter gefällt Ihr Kater so gut«, sagte die Mutter.

»Das wundert mich nicht. Ist ein Prachtkater«, sagte der Mann.

»Darf ich?«, quetschte Toni hervor. »Darf ich ihn anschauen?«

»Aber gern.«

Da stürmte Toni geradewegs durch die lindgrüne Tür. Und rannte wie der Wind die Treppe hoch. Immer zwei Stufen auf einmal. Erste Kurve. Zweite Kurve. Schon war sie oben. Und … Da war das Fenster! Schnell!

Sie drückte ihre Nase an die Scheibe. Und schaute. Oh, wie sie schaute! Um ja alles zu sehen.
Da waren Schritte auf der Treppe zu hören. Und eine Stimme.
»Entschuldige bitte, aber Theo, also, mein Kater, ist im Erdgeschoss«, sagte der Katzenbesitzer. Beziehungsweise der falsche Vermesser.
Toni tat, als sei sie zutiefst überrascht.
»Ach. So was. Ich dachte … Ich meine … Ich wollte …«
»Ach, Kind, der Kater sitzt unten, das hast du doch gesehen. Wieso bist du die Treppe rauf?«, fragte die Mutter.
Aber das kümmerte Toni nicht mehr. Sie wusste jetzt nämlich Bescheid. Alles andere war ihr egal.
»Theo!«, rief sie fröhlich. »Fast wie ich. Ich bin Toni!«

Kapitel 10

Toni übermittelt eine Nachricht

Na? Hatte Toni nicht recht gehabt? Durch das Fenster im ersten Stock hatte man freie Sicht auf die Erdgeschosswohnung im Haus gegenüber. Also auf die Wohnung unter ihrer. Die, vor der Toni die Erde auf der Fußmatte entdeckt hatte. Die, aus der die komischen Geräusche gekommen waren. Das Gebohre. Und was war da, in dieser Wohnung, mitten auf dem Fußboden? Ein Riesenhaufen Erde. Und Schaufeln. Und noch mehr Werkzeug. So sah es nämlich aus! Jetzt sollte die Mutter mal endlich mit diesem Kater aufhören und die Augen aufmachen! Und Toni endlich recht geben!

Und sie machte tatsächlich die Augen auf.
Und …
»Ach, die Nachbarn unten renovieren«, sagte sie. »Deswegen haben sie letztens Säcke rausgebracht.«
O nein. Hörte das denn nie auf? Merkte denn keiner was?
Und da dachte Toni, jetzt wäre ihre einzige Chance gekommen. Ja, das war ihr Moment. Jetzt oder nie. Wenn sie nicht alles täuschte, musste sie genau jetzt reden. Und sie täuschte sich nicht. Egal, was die Erwachsenen sagten. Toni konnte sich gar nicht täuschen.
»Am Dienstag um eins tanzt Jolanta im Ballett«, sagte sie zu dem falschen Vermesser und blickte ihm fest in die Augen.
Der Mann erstarrte. Also, er rührte sich nicht mehr. Zugegeben, er hatte sich auch vorher kaum gerührt, aber jetzt rührte er sich irgendwie noch weniger. Jedenfalls kam es Toni so vor.

»Wie bitte?«, fragte er.

»Jolanta. Im Ballett. Dienstag um eins«, wiederholte Toni. Langsam und deutlich.

»Im Ballett, sagst du. Dienstag um eins«, wiederholte der Vermesser.

»Hab ich so gehört«, sagte Toni. »Ach, und noch etwas Komisches. In London«, fügte sie hinzu.

»In London?«

»Ja. Das ist wirklich irgendwie komisch«, sagte Toni.

Und sie blickte dem Vermesser ernst ins Gesicht. Und der Vermesser ihr. Also, der falsche Vermesser.

Aber da musste sich natürlich ihre Mutter wieder einmischen.

»Nichts für ungut. Das Kind hat einfach eine ausgesprochen lebhafte Fantasie«, sagte sie entschuldigend. Und dann lachte sie.

Nein, diese Mutter. Nicht genug damit, dass sie selber nichts kapierte, jetzt funkte sie auch noch dazwischen, wenn Toni eine Nachricht übermitteln wollte. Eine verschlüsselte. Nein, das war wirklich nicht zum Aushalten.

Der Mann lachte auch. Und brachte sie dann zur Tür. Als sie schon wieder draußen waren, sagte er: »Dann schaust du dir den Kater eben nächstes Mal an.«

Toni wurde ein bisschen rot. Dass sie Theo einfach vergessen hatte! Aber eigentlich war es ja auch ganz lustig.

Und sie hätte schwören können, dass der falsche Vermesser so einen gewissen Blick gehabt hatte, als er ihr zum Abschied in die Augen gesehen hatte. Toni wusste nicht genau, wie sie diesen gewissen Blick beschreiben sollte, aber es war einer gewesen, ganz bestimmt.

Kapitel 11

Jolanta tanzt im Ballett

Toni schwor sich, die ganze Nacht kein Auge zuzutun. Jedenfalls nicht vor ein Uhr. Und auch danach nicht. Sie wusste ja, was passieren würde. Und wer konnte schon schlafen, wenn vor seinen Augen so etwas passierte?
Sie ging um neun ins Bett, wie ihre Mutter es wollte. Aber als sie ihren Gutenachtkuss bekommen hatte und allein im Zimmer war, machte sie sich nicht ans Einschlafen, sondern ans Nichteinschlafen. Und das war komischerweise gar nicht so einfach. Manchmal will man möglichst schnell einschlafen,

kann aber einfach nicht. Aber versucht mal, nicht einschlafen zu wollen! Versucht mal, einen wichtigen Termin um ein Uhr nachts zu haben und deshalb nicht einschlafen zu wollen. Da reicht es schon, eine Sekunde lang die Augen zu schließen, zum Beispiel, weil die Glühbirne so blendet, und schon träumt ihr was. Deshalb durfte Toni um keinen Preis die

Augen zumachen. Bloß nicht, sie musste sie die ganze Zeit offen halten. Sie nahm sich ein Buch und las darin. Das Buch war sehr schön. Ein verwunschener Garten kam darin vor und ein Hund mit Krone. Ach, vielleicht doch mal kurz die Augen schließen … Nur ganz kurz. Um sich diesen Garten besser vorstellen zu können, und den Hund … Und plötzlich …

»Ui-ui-ui!«, tönte es draußen.
Toni fuhr in ihrem Bett hoch. Was war passiert? Was wollte die Polizei in dem verwunschenen Garten? Oder ... Aber Toni hatte doch kein Auge zugetan! Sie schaute auf die Uhr: Eins. Wie konnte das sein? Sie hatte doch nicht geschlafen? Nein, ganz bestimmt nicht. Aber jetzt war keine Zeit, darüber nachzudenken.
Toni sprang aus dem Bett.
»Bist du auch wach geworden?«, fragte die Mutter.
»O nein, ich hab's verpennt! Es hat schon angefangen!«, jammerte Toni.
»Was hat angefangen?«, fragte ihre Mutter. »Ach, Kind, das war doch nur ein Krankenwagen. Wir wohnen jetzt in der Innenstadt. Da fahren die ständig.«
Toni trat ans Fenster. Nein. Nichts zu sehen. Tatsächlich, ihre Mutter hatte recht. Es war wohl nur ein Krankenwagen gewesen.
Draußen war es stockdunkel. Und totenstill.
Dabei war sich Toni so sicher gewesen! Todsicher. Auch wenn alle etwas anderes gesagt

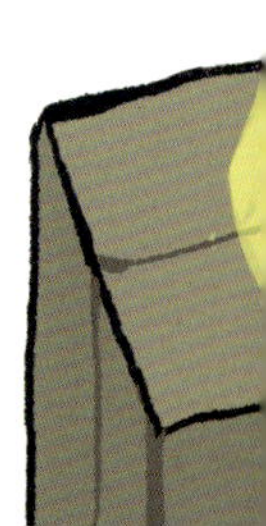

hatten. Sollte sie sich so getäuscht haben? Oh, war es denn wirklich möglich, dass sie sich so, so komplett getäuscht hatte?
Da spürte sie, wie plötzlich alles in sich zusammenfiel, und das auch noch in ihr drin, mittendrin. Als wäre da plötzlich ein Loch in ihr und in dieses Loch stürzte alles hinein. Stürzte hinein und verschwand. Weil Toni es jetzt sehen konnte. Sehen konnte, dass alle Puzzleteile zusammenpassten. Aber sie ergaben ein anderes Bild. Ganz anders als das, das sie sich ausgemalt hatte. Ein stinknormales, stinklangweiliges Puzzlebild.

Die beiden Männer waren wirklich Müllmänner. Oder Renovierer. Und gingen gern ins Ballett. Warum auch nicht? Und die Erde an den Schuhen hatten sie von draußen mitgebracht. Der Mann mit dem Fernglas war vielleicht wirklich Vermesser. Oder beobachtete gerne Vögel. Aber war das jetzt nicht alles egal? Jetzt, wo klar war, dass Toni nicht recht gehabt hatte? Dass sie wirklich nur ein Kind mit zu viel Fantasie war?

Sie legte sich ins Bett. Und sie schlief schrecklich lange. Und träumte die ganze Nacht von

London. Von Big Ben und der Themse und von Soldaten in roten Uniformen. Die Soldaten salutierten, Big Ben schlug die Stunde … Toni hatte das alles mal auf einer Keksdose gesehen, die Onkel Bartek aus London ihr geschenkt hatte. Was hatte das nur zu bedeuten mit diesem London?

Aber war das nicht auch egal? Wenn Toni einfach ein Kind mit einer zu lebhaften Fantasie war?

Kapitel 12

Wer hätte das gedacht?

Als Toni am nächsten Morgen in die Küche kam, saß ihre Mutter schon am Tisch. Sie trank Kaffee und las etwas an ihrem Computer.

»Tut mir leid, Kind, aber es gibt keine Brötchen«, sagte sie. »Ich hab so viel zu tun, dass ich es nicht zum Bäcker geschafft habe. Der Direktor wollte mein Stück nicht und jetzt muss ich ein anderes Theater finden … Und das wird ganz schön schwierig.«

Die Mutter war traurig. Und Toni war auch traurig. Dann waren sie eben beide traurig und dieser Tag würde es auch werden.

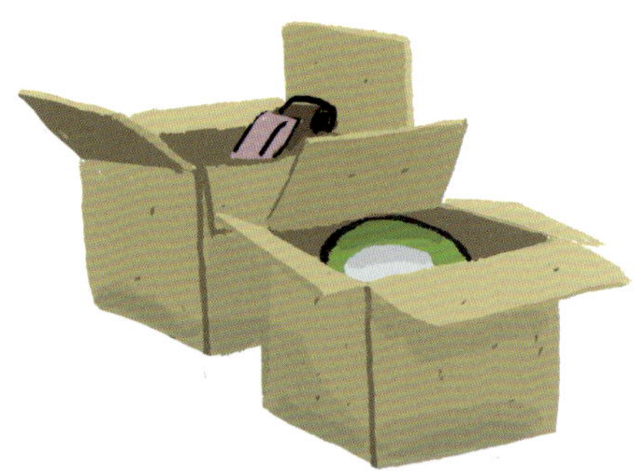

Toni setzte sich auf ihren Platz. Normalerweise schaute sie gleich aus dem Fenster, ob draußen nicht etwas Verdächtiges vor sich ging. Aber heute hatte sie irgendwie keine Lust. Nein, sie würde nicht aus dem Fenster schauen. Wozu auch? Sie hatte sich ja getäuscht. Nichts war so, wie sie geglaubt hatte. Also nein, es lohnte sich nicht.

Nur war diesmal etwas zu sehen, auch ohne dass man hinausschaute. Die ganze Straße leuchtete! Sie leuchtete und blinkte, als stünden dort tausend geschmückte Weihnachtsbäume!

Also schaute Toni doch genauer hin. Vor dem Haus standen eins, zwei, drei, vier, fünf, sechs Polizeiautos. Und alle mit Blaulicht!
»Mama!«, rief Toni. »Was ist da draußen los?«
»Das les ich gerade nach«, sagte ihre Mutter. »Stell dir vor, es gab einen Bankraub. Genauer gesagt einen Tunnelraub. Ist das nicht verrückt? Gleich hier um die Ecke, wer hätte das gedacht?«

Ach!

Ach, ach, ach!

!!!!!!!!!!!!!!!!!!!!

Im ersten Moment war Toni starr vor Freude. Dann sprang sie auf, wieder vor Freude. Dann erstarrte sie wieder. Immer noch vor Freude.

Moment mal. Wann war der Bankraub gewesen? Wieso nicht um eins? Wenn Toni doch recht gehabt hatte, und das hatte sie ja offenbar, dann hätte der Bankraub um eins stattfinden müssen. Hatte er aber nicht. Um eins war sie ja aufgestanden, aber da war nichts passiert.

»Wann?«, fragte Toni.

»Was, wann?«

»Na, wann war der Bankraub?«

»Um zwei«, sagte die Mutter.

Und da bekam sie eine SMS.

»Die ist von Onkel Bartek«, sagte sie.

Von Onkel Bartek aus London. Toni musste an die Soldaten und die Themse denken, an Big Ben und die große Uhr … Hatte in ihrem Traum nicht Big Ben die Stunde geschlagen? Und welche Stunde war das gewesen?

»Sicher ist er grad erst aufgestanden«, sagte die Mutter. »In London ist es jetzt sieben.«

Da erstarrte Toni schon wieder.

Sie schaute auf die Uhr am Herd. Acht.

»Und wie spät ist es bei uns?«, fragte sie.

»Acht Uhr, das siehst du doch.«

»Und in London?«

»Sieben.«

»Und bei uns?«

»Acht.«

»Und in London?«

»Sieben.«

»Und bei uns?«
»Ach, Kind, willst du kontrollieren, ob ich nicht langsam verrückt werde?«, fragte die Mutter.
Und sie blickte Toni ganz seltsam an. Aber Toni hatte gerade an Wichtigeres zu denken als daran, ob ihre Mutter verrückt geworden war.
»Und wenn es in London, sagen wir mal, ein Uhr nachts ist, wie spät ist es dann bei uns?«
»Na, zwei«, sagte die Mutter.

Kapitel 13

Der Vermesser kommt zu Besuch

»Wie konnte ich das bloß übersehen?«, meckerte Toni und stampfte auf. Ja, jetzt stampfte sie wirklich, obwohl sie schon richtig groß war. Aber wer hätte an ihrer Stelle nicht aufgestampft? »Wie konnte ich nur? Jolanta im Ballett! Um eins sollte sie tanzen, aber um eins in London!«

»Welche Jolanta denn nun schon wieder? Und wieso London?«, fragte die Mutter alarmiert. Vielleicht machte sie sich Sorgen, ob Toni verrückt geworden war.

»Sie sollte einfach um ein Uhr Londoner Zeit tanzen. Also um zwei bei uns!«, erklärte Toni ihrer Mutter, aber eigentlich eher sich selber.

»Wie bitte?«

Da bekam Toni einen riesigen Lachanfall. Sie lachte und lachte.

Und dann klopfte es auf einmal an der Tür.

Wer mochte das sein?

Die Mutter öffnete.

In der Tür stand der Nachbar, der mit dem Kater Theo. Beziehungsweise der falsche Vermesser. Oder eher beide zugleich. Und er hatte ein Fernglas um den Hals! Und eine Papiertüte in der Hand.

»Kann ich reinkommen?«, fragte er.

»Hm … Wenn Sie wollen … Bitte …«, sagte die Mutter. »Kaffee?«

Sie war furchtbar verlegen. Hektisch spülte sie eine Tasse ab.

»Ich wollte mich bei Toni bedanken«, sagte er.

»Wofür denn?«, fragte die Mutter erstaunt.

»Für Jolanta. Hätte Toni mir nicht übermittelt, dass Jolanta am Dienstag um eins in London im Ballett tanzen wird, hätten wir nicht gewusst, wann der Überfall stattfinden soll.«

»Wie bitte? Welche Jolanta? Sie auch? Ist das ansteckend?«, fragte die Mutter und ließ beinah die Tasse fallen.

Aber da sagte der falsche Vermesser schon zu Toni: »Wir wussten seit längerer Zeit, dass die Einbrecher einen Tunnel graben …«

»Hab ich mir gedacht. Sie haben sie ja beobachtet«, raunte Toni.

»Hm. Ehrlich gesagt hatte ich gedacht, dass das nie-

mand mitbekommt«, sagte der falsche Vermesser.

»Kein Mensch achtet auf kleine Mädchen am Fenster«, bemerkte Toni fast etwas traurig.

»Aber wir wussten nicht, wann genau die Einbrecher zuschlagen wollen. Bis du aufgetaucht bist und dich angeblich für meinen Kater interessiert hast. Und mir die verschlüsselte Nachricht übermittelt hast. So konnten wir den Überfall verhindern. Und die Täter sogar verhaften. Verrätst du mir, wo du die Nachricht herhattest?«

»Die hab ich im Café gehört«, sagte Toni.

Jetzt klang sie überhaupt nicht mehr traurig. Im Gegenteil. Sie freute sich. Riesig.
Toni sah ihre Mutter an. Und die sah Toni an. Und ihre Augen wurden immer größer. Vor Staunen.
»Dann haben Sie also gleich verstanden, dass es um keine Jolanta ging, sondern um den Überfall?«, fragte Toni.
»Selbstverständlich. Ballettaufführungen finden ja nicht um eins statt«, sagte der Vermesser.
Da sah Toni ihre Mutter noch einmal an. Und die wiederum Toni.
»Gut, dass Sie auch das mit London begriffen haben«, sagte Toni.
»Ach, ich bin frisch aus London zurück. Ich hatte dort zu tun bei ... Egal ... Ist leider geheim. Aber vielleicht erzähl ich es dir später mal. Jedenfalls habe ich verstanden, dass es um die Londoner Zeit ging. Das war auch eine verschlüsselte Botschaft.«
»Hatte der eine Dieb einen Hut auf und der andere einen Schal um?«, fragte Toni.

»Genau das hatten sie«, lachte der (nun aber wirklich) falsche Vermesser.
Und da sagte die Mutter, ihr sei ein bisschen flau, sicher vor Hunger, und sie musste sich setzen.
»Ach ja, richtig, ich habe Brötchen geholt«, sagte der Besucher.
Und stellte die Brötchentüte auf den Tisch.
Lecker Hefebrötchen.
»Woher wussten Sie, dass wir keine Brötchen haben?«, fragte die Mutter mit matter Stimme.
Sie war kreidebleich. Und sie sah aus, als würde sie gleich in Ohnmacht fallen.

Der Gast und Toni wechselten einen Blick.

»Ach, Mama, das ist doch ein Geheimpolizist«, sagte Toni. »Der weiß alles.«

Da erst sah die Mutter das Fernglas, das der Vermesser um den Hals hatte. Und sie musste lachen.

»Na ja, alles außer dem genauen Zeitpunkt für den Überfall«, wiegelte der Gast lächelnd ab. »Zum Glück wusste das kleine Mädchen am Fenster da Bescheid.«

O ja, jetzt war in Toni kein bisschen Traurigkeit mehr. Weder in ihrer Stimme, noch in ihren Augen, ja, nicht einmal in ihren Haaren – gar nichts an ihr war mehr traurig. Im Gegenteil, sie war rundherum schrecklich froh und mächtig stolz!

Kapitel 14

Jetzt klärt sich wirklich alles auf

Aber das war noch nicht alles. Am Nachmittag klingelte das Telefon von Tonis Mutter.

»Ja, bitte?«, fragte sie.

Und sie stellte auf laut, weil sie grad keine Hand frei hatte. Sie flickte Tonis Hose. Das hatte sie noch nie gemacht. Wenn irgendwo ein Loch drin war, hatte sie die Sachen einfach weggeworfen und neue gekauft. Aber jetzt flickte sie. Toni fand das gut, aber ihre Mutter wirkte nicht besonders glücklich. Viel-

leicht musste sie jetzt flicken, weil sie die Arbeit im Theater nicht bekommen hatte?
Oder rief da etwa zufällig gerade …
»Ich habe über Ihren Vorschlag nachgedacht«, sagte er. Ja, Toni erkannte die Stimme sofort. Das war der Theaterdirektor!
»Ich bin immer noch nicht sonderlich überzeugt von der Idee, ein Stück für Kinder über eine tieftraurige Mutter zu bringen, die mit ihrer Tochter in eine neue Wohnung zieht«, fuhr er fort und machte eine Pause. Die Mutter seufzte. »Aber ich habe einen neuen Vorschlag. Ich möchte Ihnen vorschlagen, ein anderes Stück zu schreiben. Ein Stück über ein Mädchen, das entschieden zu viel Fantasie hat. So wie Ihre Tochter.«

Wer sagt's denn? Das hatte ein trauriger Tag werden sollen für Toni und ihre Mutter, und jetzt war es ein vollkommen, aber wirklich vollkommen verrückter! Vollkommenst verrückt!

Noch am selben Tag ging die Mutter ins Theater und unterschrieb ihren Vertrag. Dann führte sie Toni zum Abendessen aus. Einem üppigen Abendessen in einem Restaurant mit Sofa, Kamin und jeder Menge Tischen. Und draußen liefen Menschen vorbei und schauten in die Fenster. Vielleicht dachten sie sich, sie säßen da jetzt auch gerne drin. Auf diesen Stühlen. An diesem Kamin. Mit Toni und ihrer Mutter.

Aber das ist immer noch nicht das Ende. Ein paar Tage später war Weihnachten und bei Tisch erzählte ihre Tante: »Stellt euch vor, da hat doch einer sämtliche Tannen aus dem kleinen Wäldchen gefällt!«

Alle waren vollkommen fassungslos. So was von fassungslos. Nur Toni irgendwie nicht. Aber sie sagte kein Wort.
»Und im Dorf hat es mehrere Einbrüche gegeben, und dann war es diese Frau, die da immer mit Hund unterwegs gewesen ist. So eine mit Kopftuch, ich weiß nicht, ob ihr euch noch erinnert. Die ist schon in den Sommerferien da rumgelaufen. Und was hat sie damals gemacht? Die Häuser ausspioniert, stellt euch das mal vor! Und der Hund war nicht mal ihr eigener, sondern nur geliehen. Deshalb hatte sie ihn an der Leine! Damit er nicht abhaut. Und das Kopftuch hatte sie um, damit keiner sie erkennt. Dass uns das nicht aufgefallen ist«, sagte die Tante.
Und wieder konnten sich alle nur wundern. Sie wunderten sich wie verrückt, nur Toni wunderte sich irgendwie kein bisschen.
»Aber die Höhe ist ja, dass die beiden Jungs von Kasia von zu Hause abgehauen sind. Zum Glück sind sie jetzt wieder da«, sagte die Tante noch.

Sieh mal einer an, wer hätte das gedacht. Von zu Hause abgehauen! Die beiden traurigen Jungen, die Toni im Wald an der Haltestelle gesehen hatte.

Inzwischen war es ihr eigentlich vollkommen gleichgültig, ob man sie für ein Kind mit zu viel Fantasie hielt oder nicht. Hauptsache sie wusste, wie es wirklich war.

Sie war nämlich überhaupt kein Kind mit zu viel Fantasie.

Nur war die Welt viel verrückter, als Erwachsene sie sich vorstellen konnten.